히즈윌 작곡가의 CCM합창곡집

광야를 지나며

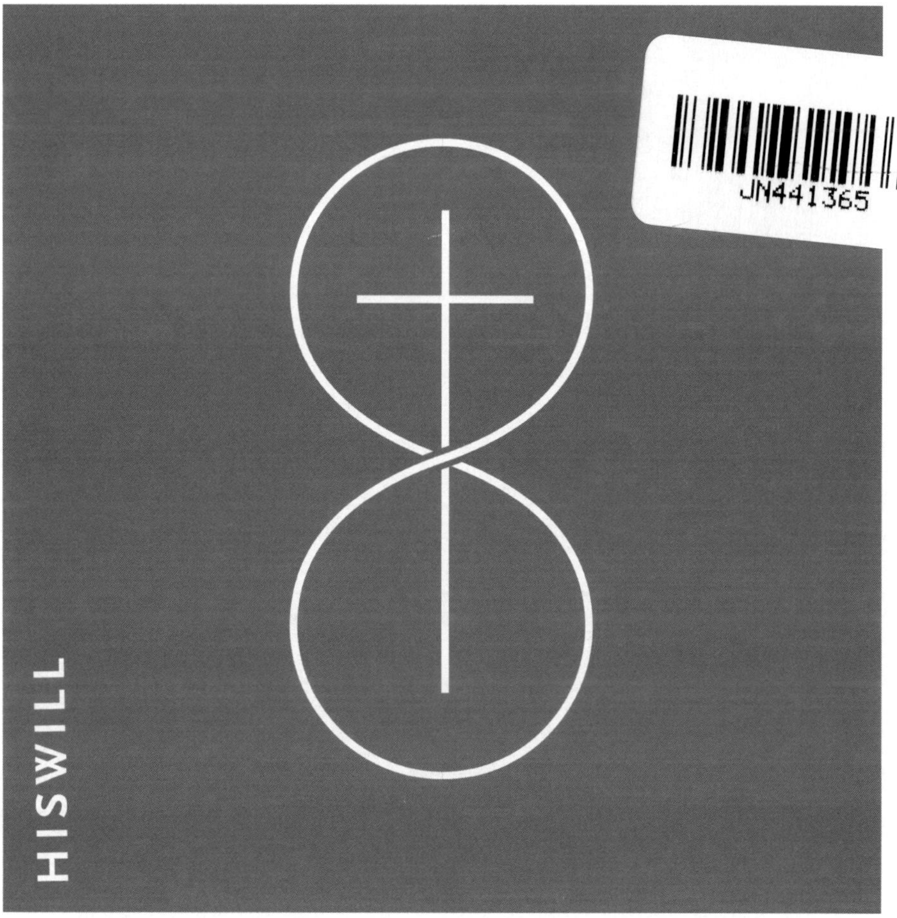

HISWILL

장진숙 작곡

목차 | 광야를 지나며

광야를 지나며

for SATB and Tenor, Soprano Solo with Piano

장 진 숙 작사.곡
김 유 라 편곡

11
- 나 를 낮아 - 지게 - 세 상 어 디 - 도 기 댈 곳 이 없 게 하 - 셨 네
Em7 C/E C♯dim7 Dm7 F/C FM7/C Gm7 Gm/C C♯aug
14
- 광 야 - 광 야 에 서 있 네
Dm F/C FM/C Gm7 C7sus4 F C/D Dm7
8va
17
S.A mp
주 님 만 내 도 움 - 이
T.B p
Gm7 C7sus4 C7 F C/E
mp
8va

19
되시고주님만내빛이 - 되 시는주님만내친구 - 되 시 는 - 광 - 야
Dm11 Dm7 Am7 F/A B♭sus2 F/A Gm7 Gm/C Csus4 C
22
주님손놓고는 - 단하루도살수없 - 는곳 광 - 야
F C/E Dm7 Am7 F/A B♭ F/A FmM7/A♭
25
- 광 야에 서 있 네
Gm11 C7sus4 F C/E Dm7 F/C B7(♯11) B♭ F/A Gm7
mf

29
Sop.Solo
mp
왜 나를 - 깊은어둠 - 속에 - 홀로두시 - 는
B♭m/C
F
C/E
mp
32
지 어두운밤 - 은 왜그리길었는지 - 나를고독 - 하게
Ten.solo p
Dm7
F/C
Gm7
B♭/C
F
35
- 나를낮아 - 지게 - 세상어디 - 도 기댈곳이없게하 - 셨네
C/E
C♯dim7
Dm7
F/C
FM7/C
Gm7
Gm/C
C♯aug

38
광- 야 - 광 야 에 서 있 네
Dm F/C Gm11 B♭/C F C/D Dm7
mf
8va
41
S.A mf
주님만 내 도움 - 이 되시고 주님만내빛이 - 되
T.B
Gm7 C7sus4 F C/E Dm7 Am7
8va
44
시는 주님만내친구 - 되 시 는 - 광 - 야
주님손 놓 고는 -
B♭ F/A Gm7 Gm/C F C/E
8va

47
단 하 루 도 살 수 없 - 는 곳 광 - 야 광 - 야
Dm7 Am7 F/A B♭ F/A Gm7 C7sus4
8va
50
f
주 께 서 나 를 사 - 용 하 시 려 나 를 더 정 결 케 - 하
F C/E C♯dim7 Dm7 Cm7 F/A E♭/B♭
52
시 려 나 를 택 하 여 보 내 - 신 그 - 곳 - 광 - 야
B♭ F/A Gm7 F/A B♭/C
8va

54
ff
성령이내영을 - 다시태어 나게하 -는 곳 광-야
F
C/E
Dm7
Am7
F/A
B♭
F/A
ff
57
mp dim.
- 광 야에서있 네
Gm7
C7sus4
mp dim.
mf
8va
60
T.B mp
내 자아가 - 산산히깨 -지고 - 높아지려 -했
C7sus4
F
C/E
mp
(8va)

63
S.A
pp
오 직 주님 - 뜻만
던 내 꿈도- 주 님 앞 에 내 어 놓고 -
Dm7 F/C Gm7 C7sus4 C7 F
66
- 이루 어지 - 기 를 나 를 통해- 주 님 만 드 러 나 시 기 를
C/E Dm7 F/C FM7/C Gm7 C7sus4 C♯dim7 Dm Am/C G/B
70
mp rit.
p
광 야 를 지 나 며
Gm11 C7sus4 F
mf
rit.
mp
fp freely
cresc.
p
8va

참 빛

for SATB and Solo with Piano

장 진 숙 작사.곡
김 유 라 편곡

11
에 - 생명이있 - 으 니
이 생명은 - 사람들의 - 빛이
F G/F Em7 Am7 Dsus4 Dm G7sus4
14
라
T.B mp
어두운 세 상 에 참 빛 이 오 셨 네 하 늘 이
C F/C C G/F C/F Em7 Am7
17
열리고 - 천사들노래 - 하 네
어두워 헤 매 는 모든사
Dsus4 Dm7 G7sus4 C C/E G/F C/F

20
람 에게 참 생 명 주 시 려 - 예 수 나 셨 다
Em7 Am7 F Dm7 G7sus4
23
사 랑 을 찾 는 사 람 진 리 를 찾 는 사 람 - 외
G7sus4 C C/F F Dm/G G#dim7 Asus4 Am
26
로 운 자 - 빛 으 로 오 - 시 오 - 어 둠 을 이 기 - 시 고 생 명
아 픈 자 도 -
F D/F# F/G G F/A G/B

29
을 주 시 - 려 고 참 빛 으 로 - 예 수 나 셨 다
C C/E F C/D Dm G7sus4 C Caug
mp
32
mf
Sop. 우 - -
Alt.
참 빛 곧 세 상 에 - 와 서 각
mf
Ten. 우 - -
Bas.
참 빛 곧 세 상 에 - 와 서 각
C6 Fm6/C C Caug C6 Fm6/C
mf
35
우 - - 생 명
사 람 에 게 비 추 - 는 빛 그 안 에 - 생 명 이 있 - 으
우 - - 생 명
사 람 에 게 비 추 - 는 빛 그 안 에 - 생 명 이 있 - 으
C Caug C6 Gm/C C7 F G/F
3

38
있 으 니
니
이 생명은 - 사람들의 - 빛이라
Solo mp
어두운
있 으 니
니
Em7 Am7 Dm7 G7sus4 C F/C C
mp
41
세 상 에 참 빛이오셨네 하늘이 열리고 - 천사들노래 - 하
G/F F Em7 Am7 Dm7 G7sus4
44
S.A
f
네 어두워헤 매는 모든사람 에게 참
T.B
C Dm7 C/E G/F F Em7 G/A Am G/A Am7
f

47
mf
생 명 주 시 려 - 예 수 나 셨 다 - 사 랑
Dm7 D/F# G7sus4 G sf G7sus4
50
을 찾 는 사 람 진 리 를 찾 는 사 람 - 외 로 운 자 - 빛
아 픈 자 도 -
C C/F F Dm/G E7/G# Am C/G F D/F#
mf
53
으 로 오 - 시 오 - 어 둠 을 이 기 - 시 고 생 명 을 주 시 - 려 고 참
F/G G F/A G/B C C/E F C/E

56
ff
빛 으 로 - 예 수 나 셨 다 사 랑 을 찾 는 사 람 진 리
C/D Dm7 G7sus4 G7 C Dm7 C/E E♭m11 G♭/A♭ A♭ D♭/F D♭/G♭
f
sf
59
를 찾 는 사 람 - 외 로 운 자 - 아 픈 자 도 - 빛 으 로 오 - 시 오 - 어 둠
A♭ G7(b9#11) G♭maj7 E♭/G G♭/A♭ A♭ Adim
62
을 이 기 - 시 고 생 명 을 주 시 - 려 고 참 빛 으 로 - 예 수 나 셨
G♭/B♭ A♭/C D♭ D♭/F G♭maj7 D♭/F D♭/E♭ E♭m7 A♭7sus4 A♭7

65
다 참 빛 으 로 - 예 수 나 셨 다 참
Db/F
Ab/Bb
Bbm7
Db/Eb
Ebm7
Ab7sus4
A dim7
Bbm7
Db/Ab
G m/C
68
빛 으 로 - 예 수 나 셨
Ebm7
ff
Ab7sus4
Ab7sus4(b9)
70
다 - -
Db
Dbaug
Db6
Gbm/Db
Db
rit.
ff
8va

믿음이 실제가 되는 순간

for SATB with Piano

장 진 숙 작사. 곡
김 유 라 편곡

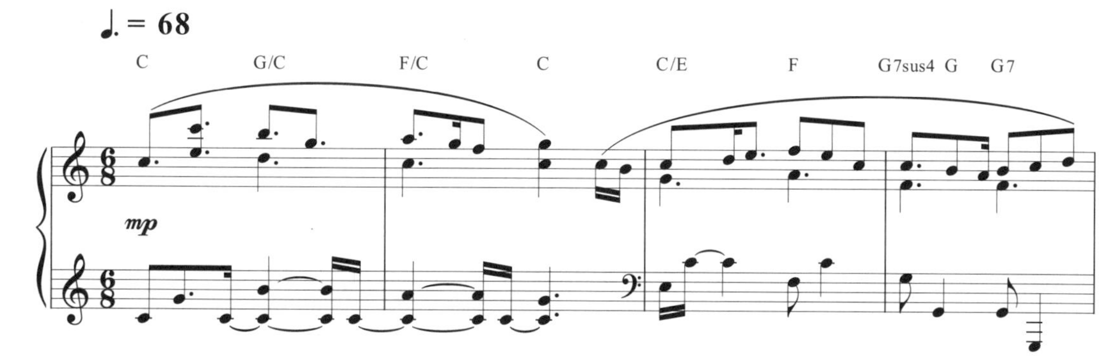

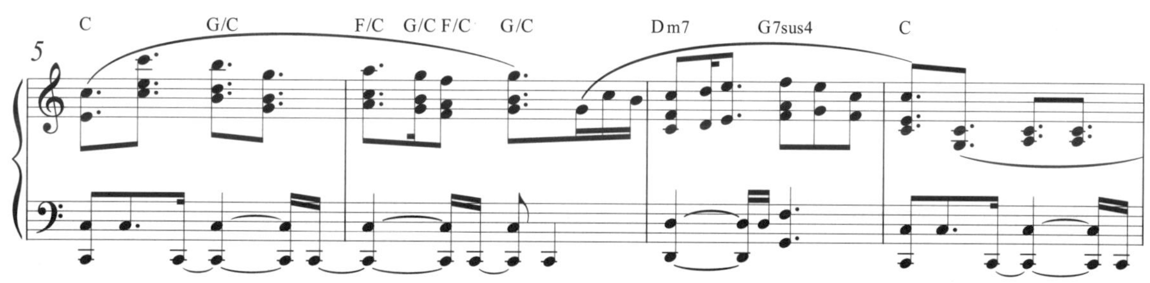

12
모 든 걱 정 은 기대로바꿔죠 믿 음 이 실 제 가 되는순 간
C/E Am7 Dm7 G C C/E F6 Fsus2
16
하 늘의 역 사 는 - 시 작 되 죠 -
Dm7 Am/D C/E Fsus2 G7sus2 C G/C F/C G/C
mf
20
일 렁 이 는 -파 도 를 보 면
C G/C F/C G/C C F Gsus2 C
mp

24
파 도 처 럼 나 도 흔 들 리 지 만
mf
저 기 물 위 를 걸 어 오 시 는 분
C/E F Gsus4 F/C C F C/E Dm7 C/E
mf
28
f
난 물 위 를 걷 게 되 죠 상
주 님 께 내 믿 음 드 릴 때
F C/E Dm7 G C C/E F
f
32
상 조 차 못 했 던 일 이 지 만 난 주 님 과 함 께 걷 네
C/E Am7 Dm7 Em F G Am7 C/E F6 Fsus2

36
믿 음이 실 제 가 되 는 순 간 -
C/E Fsus2 Gsus4 C G/C F/C G/C
40
mp
사 람 들 을 -의 식 할 때 면
C G/C F/C G/C C F G C
mf
mp
44
나 는 너 무 작 게 느 껴 지 지 만
mp
저 기 물 위 를 걸 어 오 시 는 분
C/E F G F/C C F C/E Dm7 C/E

48
주님께 내믿음 드 릴 때 난 물위를
F C/E Dm7 G7 C C/E
f
sf
8vb
52
걷게되죠 상 상 조차못했던 일이지만 난 주님과
F C/E Am7 Dm7 G Am7 C/E
56
함께걷네 믿음이 실제가 되는 순 간 -
F C/E F Gsus4 Am Em/G F C/E
mp
f

60
난 물 위 를 걷 게 되 죠 내
Ebm Db/F Gb Ab Bbm Ab/C Db Db/F Gb
mp ff sf mp
63
힘 아닌주 님 의 능 력 으 로 난 주 님 과
Db/F Bbm7 Ebm7 Ebsus4/Db Cm7(b5) F/A Bbm7 Db/F
f mf f
66
함 께 걷 네 믿 음이 실 제 가 되 는 순
Gbsus2 Db/F Gbsus2 Absus4 Gb/Ab

69
간 –
믿 음이 실 제 가
Bbm7
Bbm/Ab
Gb
Db/F
Gb
72
되 는 순 간 – – –
Absus4
Db
Ab/Db
Gb/Db
Ab/Db
mp
ff
ff
8vb
75
Db
Ab/Db
Gb/Db
Ab/Db
Db
sf
ff
8vb
8vb

나의 찬송
for SATB with Piano

장 진 숙 작사.곡
김 유 라 편곡

13
- 살 았 지 만 어 디 서 도 답을찾을수 - 가
A Bm7 A/C♯ D E/D
16
없 어서 - - 내 힘으 로 는 - 도 저 히 감 당 못 할 - 삶
C♯m7 E/F♯ F♯m7 Bm7 A/C♯ Dmaj7 A/C♯
19
십 자 가 의 - 사 랑 으 로
의 고 통 앞 - 에 -
Bm7 Esus4 A
p

23
- 나는완전히 - - 변했습니다 - 나스스로
E Esus4 D/F♯ E/G♯ A E/G♯
cresc.
26
도 품지못한날 위해 십 자가에-서 피흘리
F♯m7 A/C♯ D A/C♯ Bm7 B/D♯
mf
29
신주님- 생명주신 - 주님앞에 - 이전과같이
D/E E D/F♯ E/G♯ A E Esus4

32
- 살수 없어서 - 내 힘을 다 해 내 삶을 다
D/F♯ E/G♯ A A/C♯ DM7
35
해 주님을 높 여 드 립 니 다
C♯m7 E/F♯ F♯m7 Bm7 E7sus4 A E/G♯
mp
38
mf
나 는
D/F♯ E/G♯ A A/C♯ D Esus4
mf
8vb

41
꼭 붙잡고있던 - 나자신을 - - 내려 놓았-고
Dmaj7
C♯m7
Bm7
D/E
(8vb)
8vb
44
- 나의끝은 - 주님의 시작이-되어 나
A
C♯m7/G♯
F♯m7
Amaj7/E
D
A/C♯
47
주님앞에- 나 옵 니다 - 십자가의
f
Bm7
D/A
GM7
Fsus4
cresc.

50
- 사랑으로 - 나는완전히 - - 변했습니다
B♭
F
Fsus4
E♭/G
F/A
f
53
- 나스스로도 품지못한날 위해 십
B♭
F/A
Gm7
B♭/F
E♭
B♭/D
56
자가에-서 피흘리신주님- 생명주신 - 주님앞에
Cm7
C/E
E♭/F
F
E♭/G
F/A
B♭

59
- 이 전 과 같 이 - - 살 수 없 어 서 - 내 힘 을 다
F Fsus4 E♭/G F/A B♭ Cm7 B♭/D
8vb
62
ff
해 내 삶 을 다 해 주 님 을 높 여 드 립 니 다
E♭maj9 Dm7 F/G Gm7 Cm7
65
rit.
Andantino
mp
- 이 것 이 나 의 - 간 증 이 -
E♭/F F7 B♭ E♭ F/E♭
rit.
mp

68
요 이 것 이 나 의 - 찬 송 일 - 세 나 사 는
Dm7 B♭/D Gm7
Cm11 Cm7 E♭/F
B♭
71
동 안 - 끊 임 없 이 구 주 를 찬 - 송 - 하 리 로
E♭
Dm7 Gm7
B♭/C Cm7 E♭/F
74
f
moving forward
다 이 것 이 나 의 - 간 증 이 -
B♭
E♭maj7
p
f moving forward

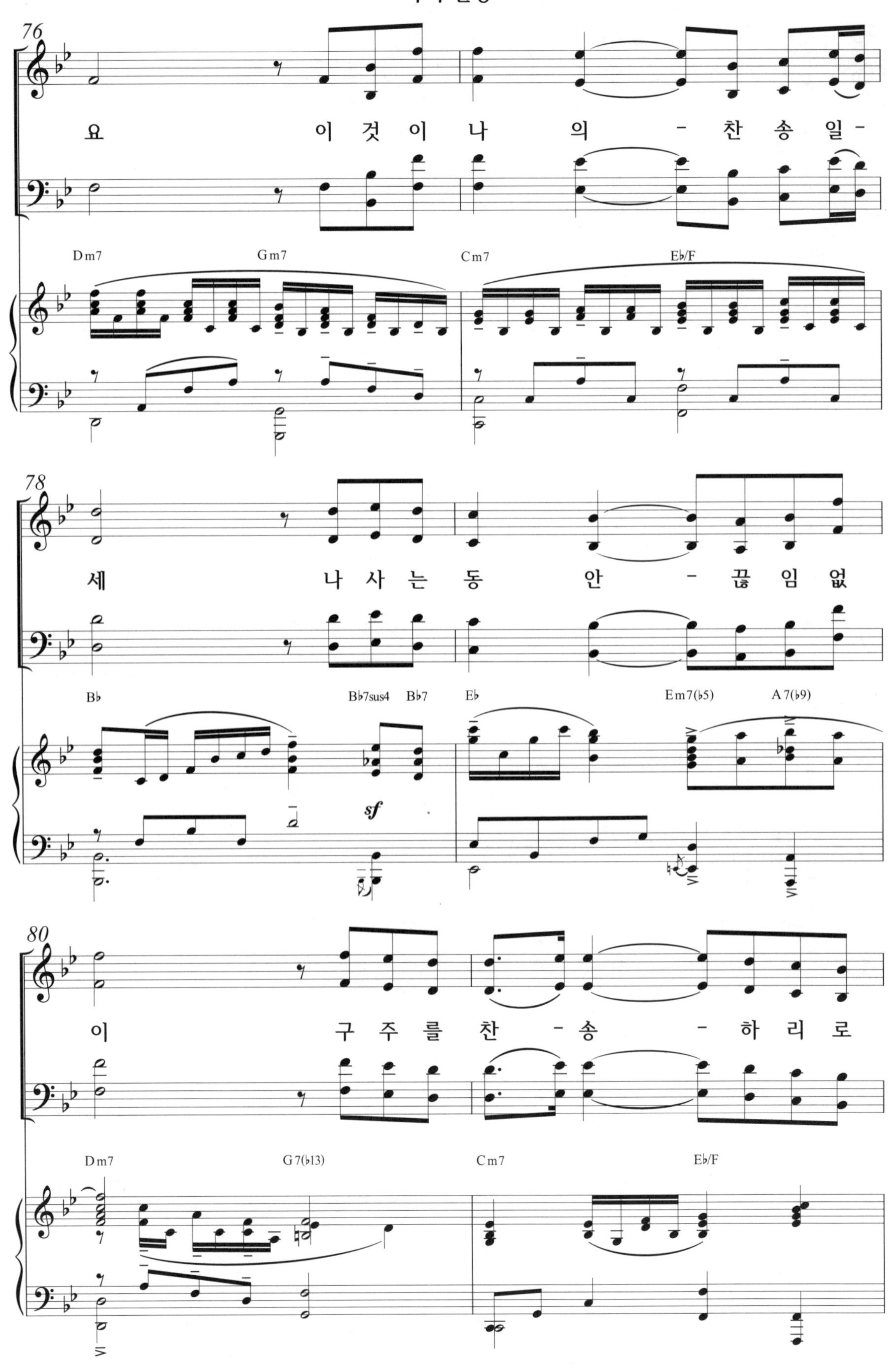
76
요 이 것 이 나 의 - 찬 송 일-
Dm7 Gm7 Cm7 E♭/F
78
세 나 사 는 동 안 - 끊 임 없
B♭ B♭7sus4 B♭7 E♭ Em7(♭5) A7(♭9)
sf
80
이 구 주 를 찬 - 송 - 하 리 로
Dm7 G7(♭13) Cm7 E♭/F

82
다 구 주 를 찬 - 송 - 하 리 로
B♭ G/B B♭/C Cm7 E♭/F
84
다 구 주 를 찬 - 송 -
B♭ G7(♭9) Cm7
86
ff
하 리 로 다 -
E♭/F B♭ Cm/B♭ B♭
8va
f sf sf ff fff
8vb

삶으로

for SATB and Solo with Piano

장 진 숙 작사.곡
김 유 라 편곡

11
십자가 - 날씻긴 보혈 - 주의 은혜를 - 깊이 생각
A♭ Fm7 A♭/E♭ D♭ D♭/E♭
14
S.A mp
나의 나된것 - 내모든것 - 다 거저받은선물 - 내
합 니다 -
A♭sus4 A♭ A♭/C D♭ D♭/E♭ D♭/A♭A♭ G♭/D♭ D♭
17
삶을 - 은혜로 - 가득채워주셨네 나의 나된것 - 내모든것 - 다
T.B
B♭m7 A♭/C D♭ D♭/E♭ A♭/C D♭ D♭/E♭

삶으로

20
거 저 받 은 선 물 - 내 삶 을 - 주 신 분 께 - 다 시 올 려 드 리 니
Db/Ab Ab Ab/C Eb/Db Db Ab/C Bbm7 Cm7 Ab/C Db Bbm7 Ebsus4
23
mf
- 나 는 삶 으 로 - 주 님 을 노 래 합 니 다 - 나 를
Db/Eb Eb Ab/E Eb7 Ab Ab/C Bbm7 BbmM7 Bbm7
mf
26
통 하 여 - 주 님 만 높 임 받 으 소 서 - 나 는 삶 으 로 - 주 님 을 예 배
Db/Eb Eb/G Db/Ab Ab Absus4 Db/F Eb/G Ab Eb/F Fm7

29
합 니 다 - 나의 삶 을빛 - 으 로 사 용 하 소 서 -
Bbm7 BbmM7 Bbm7 Db/Eb Eb7 AbM7 Ab/C
32
세 상의 부 와 - 세 상의 명 예 - 세 상
Eb/Db Db Ebsus4 Ab Eb/G Fm7 F/A
35
자 랑 모 두 내려 - 놓 고 날 구한 십 자가 - 날씻긴
Bbm7 Db/Eb Ab/C Abm/B Bbm7 Ebsus4 Ab Eb/G

38
보 혈 - 주 의 은 혜 를 - 깊 이 생 각 합 니 다 - 나 의
Fm7 A♭/E♭ D♭ D♭/E♭ E♭ B♭m/A♭ A♭ B♭m7 A♭/C
41
나된것 - 내모든것 - 다 거 저 받 은 선 물 - 내 삶을 - 은혜로 - 가득
D♭ D♭/E♭ A♭ A♭/C E♭/D♭ D♭ A♭/C B♭m7 A♭/C
44
채워주셨네 나의 나 된것 - 내모 든것 - 다 거 저 받 은 선 물 - 내
D♭ D♭/E♭ Caug/D D♭maj7 E♭7sus4 A♭ A♭/C D♭ A♭/C

47
삶 을 - 주신 분께 - 다시 올려드리니 - 나 는
B♭m7
A♭/C
D♭
B♭m7
E♭sus4
D♭/E♭
E♭
D♭/E♭
E♭7
50
f
삶 으로 - 주님을 노래 합니다 - 나를
A♭
A♭/C
B♭m11
B♭m
B♭mM7
B♭m7
f
52
통하여 - 주님만 높임 받으소서 - 나는
D♭/E♭
E♭/G
A♭
D♭/F
E♭/G

54
삶 으로 - 주 님 을 예 배 합 니 다 - 나의
Ab
Fm7
Bbm
BbmM7
Bbm7
56
삶 을빛 - 으 로 사 용 하 소 서 -
Db/Eb
Eb
Ab
58
f
나 는 삶 으로 - 주 님 을 노 래
Cm7
Eb/F
F7
Bb
Bb/D
mp
f
8vb

60
합 니다 - 나를 통 하여 - 주님 만 높 임
Cm
G/C
Cm7
E♭/F
F/A
62
받 으 소 서 - 나 는 삶 으로 - 주님 을 예 배
B♭
E♭/F
F7
F/E♭
Dm(b5)
G7
64
합 니다 - 나의 삶 을빛 - 으 로 사 용
B♭/C
Cm7
E♭/F
F

66
하 소 서 -
나의 삶 을빛 - 으 로 사 용
Gm7
Gm/F
E♭
F7
E♭/F
68
하 소 서 -
나의 삶 을빛 - 으 로
사 용
Gm
C/E
Cm7
E♭/F
71
rit.
하 소 서 -
아 멘
B♭
B♭/D
Cm7
E♭m6/G♭
B♭

감사를 선택하기

for SATB with Piano

장 진 숙 작사.곡
김 유 라 편곡

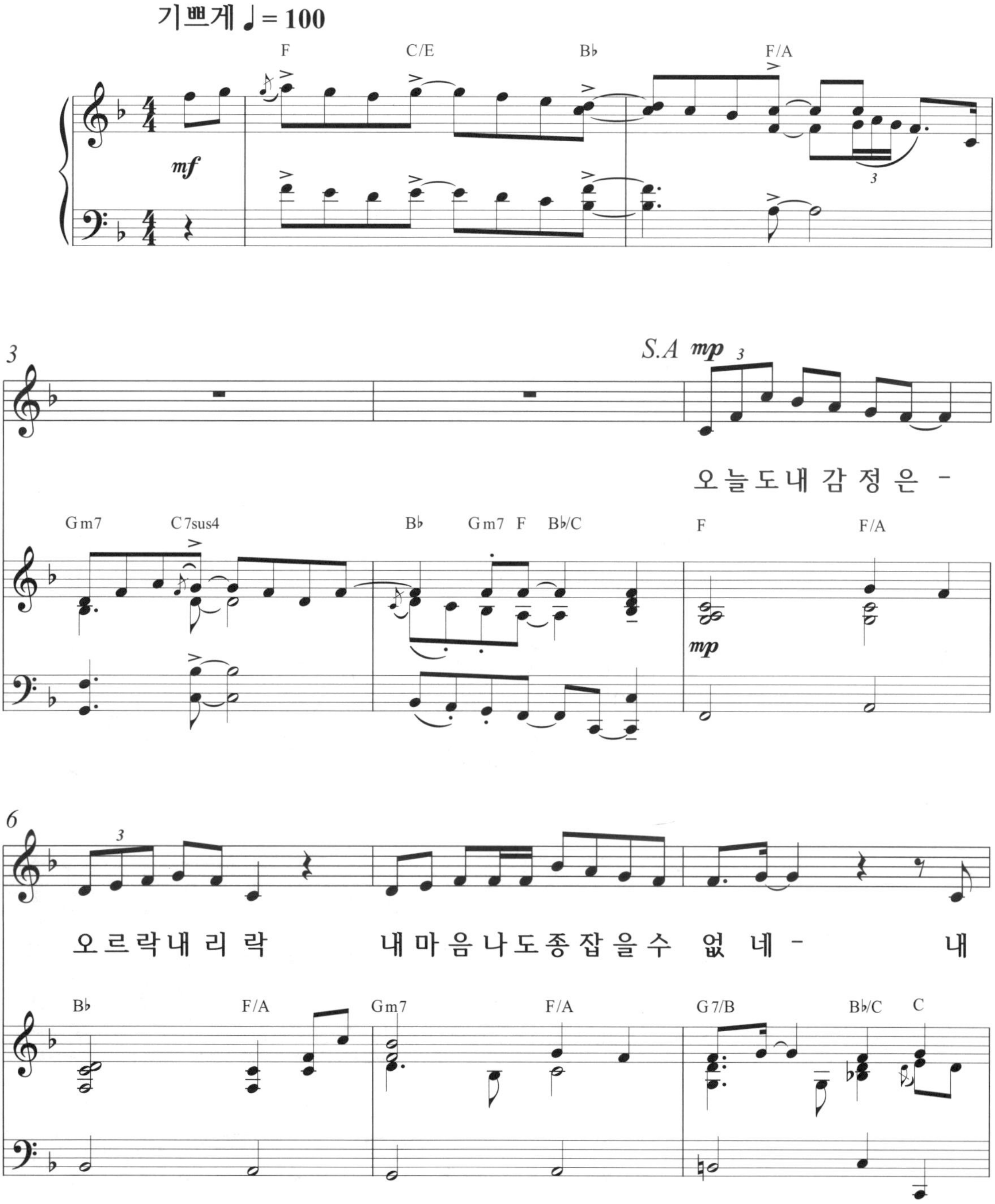

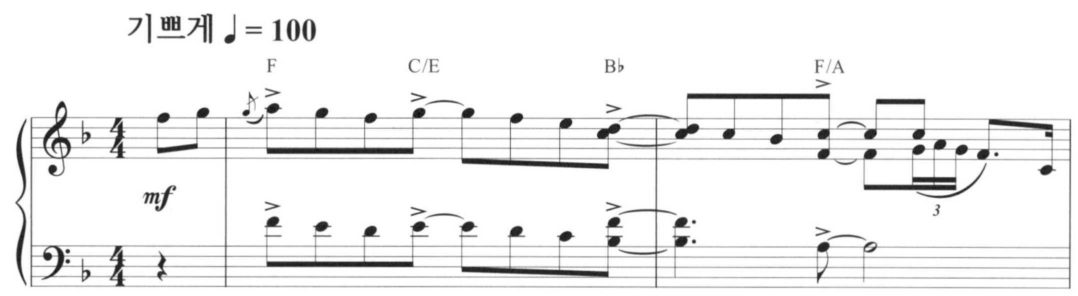

3

S.A mp 3

오늘도내 감 정 은 -

Gm7 C7sus4 B♭ Gm7 F B♭/C F F/A

mp

6 3

오르락내 리 락 내 마 음 나 도 종 잡 을 수 없 네 - 내

B♭ F/A Gm7 F/A G7/B B♭/C C

9
마음은상황에따라 - 이리저리흔들리지만 주 님 을 바 라 볼 때 - 정
F F/A B♭ B♭/C Dm7 Gm7 F/A
12
mf
답이떠오르네 - 걱정 이 몰 려 올 땐 감 사 를 선 택 하 기 두 려
T.B
B♭ B♭/C F B♭/C F F/A B♭ C Dm7
mf
15
움 앞 에 서 도 감 사 를 선 택 하 기 가 장 좋 은 것 을 - 주 심
B♭ F/A Gm7 C A/C♯ Dm7 C/E B♭/C C

18
을 믿 기 에 - 힘 들 때 도 - 믿 음 으 로 감 - 사 이 해
F Gm11 F/A B♭ F/A Gm7 F/A B♭ C B♭/C
21
할 수 없 어 도 감 사 를 선 택 하 기 가 던 길 이 막 혀 도 감 사
F F/A B♭ C Dm7 B♭ F/A
24
를 선 택 하 기 날 향 한 완 전 한 - 계 획 을 믿 기 에 - 힘 들
Gm7 C A/C♯ Dm C/E B♭/C C F Gm7 F/A B♭ F/A

27
때 도 - 믿 음 으 로 감 - 사 -
Gm7 F/A B♭ C F C/E B♭
30
F/A Gm7 B♭/C B♭ F/A Gm7 F B♭/C
33
오 늘 도 내 감 정 은 - 오 르 락 내 리 락 내 마 음 나 도 종 잡 을 수
F F/A B♭ F/A Gm7 F/A

36
없 네 - 내 마 음 은 상 황 에 따 라 - 이 리 저 리 흔 들 리 지 만 주
G/B Bb/C F F/A Bb C Dm7
39
님 을 바 라 볼 때 - 정 답 이 떠 오 르 네 - 걱 정 이 몰 려 올 땐 감 사
Bb F/A Gm7 Bb/C F Bb/C F F/A
42
를 선 택 하 기 두 려 움 앞 에 서 도 감 사 를 선 택 하 기 가 장
Bb C Dm7 Bb F/A Gm7 C A/C#

45
좋 은 것 을 - 주 심 을 믿 기 에 - 힘 들 때 도 - 믿 음 으 로 감
Dm7 C/E B♭/C C F F/A B♭ F/A Gm7 F/A B♭
48
- 사 이 해 할 수 없 어 도 감 사 를 선 택 하 기 가 던
C C/D G G/B C D Em7
8vb
51
길 이 막 혀 도 감 사 를 선 택 하 기 날 향 한 완 전 한 - 계 획
C G/B Am7 D B/D♯ Em7 D/F♯ C/D D7

54
poco rit
을 믿 기 에 - 힘 들 때 도 - 믿 음 으 로 감 - 사 -
G Am11 G/B C G/B Am7 G/B C D
poco rit
Slower
57
mp
rit.
accel.
f
모 든 상 황 속 에 서 - 언 제 나 정 답 은 - 감
언 제 나 정 답 은
Slower
G C C/D
mp
rit.
accel.
f
60
a tempo
사 감 사
G G/B C D G G
a tempo
Glissando

믿음의 기도

for SATB and Solo with Piano

장 진 숙 작사.곡
김 유 라 편곡

12
립 니다
T.B or Solo p
선 하 신 목 자 내 아 버 지 푸 른 초 장 과 - 쉴 만 한 물 가
E♭maj7/F
F
B♭/F
B♭
F/A
E♭/G
F/A
16
로 언 제 나 나 에 게 가 장 좋 은 것 으 로 내 삶 가 득 채 워 - 주 셨 네
B♭
E♭
B♭/D
Cm7
C/E
20
S.A mp
온 땅 에 - 충 만 하 - 신 주 님 - 내 삶
T.B
-
F7sus4
F
E♭/F
B♭
F/A
mp

23
어디에 - 도 주님손 - 길없 는곳이 - 없습니다 - 절 망속 - 에 도 그
Eb F Bb Fm7 Bb7sus4 Ebmaj7 F/Eb
26
mf
사 랑의 - 지혜 믿 음으로 - 기 도합니다 - 온땅에
Dm7 Gm7 Cm7 Bb/D Eb F Eb/F
mf
29
- 충만하 - 신주님 - 내삶 어디에 - 도 주님손 - 길없
Bb F/A Eb F

32
는 곳 이 – 없 습 니 다 – 내 감 정을 – 넘 어 모든 환 경 을 넘 어
B♭ Fm7 B♭7sus4 E♭maj7 F/E♭ D7 D/F♯ Gm7
35
역 사 하 소 서 – –
Cm7 E♭/F E♭ F/E♭ D7 F/G Gm7 Cm7
mp
39
mp
내 속 에 – 슬 픔 이 – 나 를 사 로 잡 고 한 치 앞 도 보 이 지 않을 때
E♭/F F B♭ F/A E♭/G F/A

43
- 내감정을넘어 -내문제를넘어 믿음 으로기도를드
Bb Bbsus4 Cm11 Cm7 Bb/D Eb Cm7
47
립 니다선하신 목자 내 아 버지 푸른 초장과 - 쉴만한물가
EbM7/F F Gm/F Bb F/A Eb/G F/A
mf
51
로 언제나나에 게 가장좋은것으 로 내삶
Bb Bbsus4 Eb Bb/D

54
mf
가득채워 - 주셨네 - 온땅에 - 충만하 - 신주님 - 내삶
Cm7
C/E
F
E♭/F
B♭
F/A
mf
58
어디에 - 도 주님손 - 길없는곳이 - 없습니다 - 절망속 - 에도 그
E♭/G
F/A
B♭
Fm7
B♭7sus4
E♭maj7
F/E♭
61
사랑의 - 지혜 믿음으로 - 기 도합니다
Dm7
Gm7
Cm7
B♭/D
E♭

64
f
- 온 땅에 - 충 만 하 - 신 주 님 - 내 삶
F F/G G F/G G C G/B
67
어 디 에 - 도 주 님 손 - 길 없 는 곳 이 - 없 습 니 다 - 내
F/A G/B C Gm7 F#7(b9#11) G♭7(♭5)
p fp f
69
생 각 을 - 넘 어 모 든 환 경 을 넘 어
Fmaj7 G/F E E/G# Am7

71
역 사 하 소 서 -
내 생각을 - 넘 어 모 든
Dm7 F/G G F/G C Dm7 C/E Fmaj7 G/F
74
ff
환 경 을 넘 어
역 사
E E7/G# Am7 Dm7
77
하 소 서 -
F/G G C F/C F/G C
ff
rit.
fff
8vb

돌아가는 길

for SATB and Solo with Piano

장 진 숙 작사.곡
김 유 라 편곡

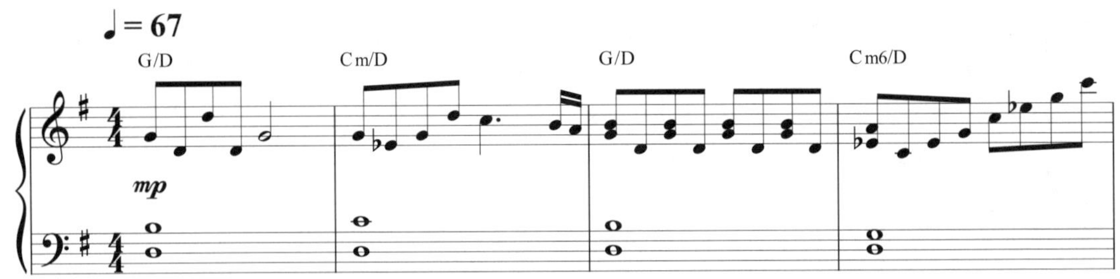

코러스센터 Tel.02-3665-0061

11
Ten. unis. or Solo
p
- 서 성 이 고 - 있 네 목 자 의 음 성
D7sus4
G
Gsus4 G G/B
14
이 - 싫어멀 리 왔 는 데 내 맘 대 로 가 면 - 행복 할 줄 알 았지
Csus2
p
G/B
Am7 C/D
17
- 가 고 또 가 도 - 더 목 이 마 르 고 내 가 원 하 던 곳
Em7 D GM7/D
Csus2
G/B Em7 D/E Em7

20
은 이곳이 아닌데 - 돌아갈 수있 - 을 까
Am7 C A/C♯ D7sus4 Dsus4
23
S.A mf
너무오 랜 시 간 을 - 헤맨것 같 은
T.B
G Dm7 Dm7(13) F/G G7 Cmaj9
mf
26
데 목자는나를 - 잊었을 것 같 은데 - 내가있 는곳 에
G/B Am11 C/D B7/D♯ Em7 G/D

29
서 힘껏소리쳐봐도 너무멀리있어 - 들리지않겠
Cmaj9
G/B
Em7
D/E
Em7
Am
A/C♯
32
지
optional Solo
p
내가주 저 앉은 곳 눈물만나던
D7(9)
C/D
p
G
8vb
35
곳 눈을들어보니 여전한그하늘 그리고여 전한
D/F♯
Em7
Cm/E♭

38
- - 주 님 의 음 성 이 - 날 부 르 고 - 있 네 -
G/D
Am/D
G
41
molto legato
T.B
mp
내 목 자 예 - - 수 는 날
C/D
D7
G
Am7/G
molto legato
44
S.A
그 피 로 나 를
Ten.only
사 랑 하 - - 셔 서
D/G
G
/F♯
Em
E♭aug

47
mf
씻 - - 으 사 온 전 케 하 셨 네 길
T.B
G/D D/C C G/D CM7/D D G
50
잃 은 양 - - 찾 아 큰 위 로 주 - - 시
D G/D E/D
mf cresc.
cresc.
53
고 그 우 리 안 에 이 - - 끌 어 늘
A♭/D G/B B7/F♯ Dm6/F Dm7 Dm E7
f

56
poco cresc.
보 호 하 시 네
내 가 아 무
Am9
C/D D7sus4
G
C/G
G
G/B
59
리 - 먼 길 을 왔 어 도
여 전 히 나 는 -
주 님 품 안 에 - 있
Cmaj9
mf
G/B
Am7
C/D
B/D♯
62
고
헤 매 던 시 간 이 -
아 무 리 길 어 도
돌 아 가 는 길
Em7
G/D
GM7/D
Cmaj9
G/B
Em7 D/E Em7

65
f
- - 이 렇 게 짧 은 걸 내 가 아 무 리 - 먼 길 을 왔 어
Am A/C♯ D A/C♯ E♭7(♭5) Dmaj9
f
68
도 여 전 히 나 는 - 주 님 품 안 에 - 있 고 헤 매 던 시 간
A/C♯ F♯m7 F♯/A♯ Bm Bm/A G♯m7(♭5) C♯/F F♯m11 F♯m7 A/E E♭7(♭5)
71
이 - 아 무 리 길 어 도 돌 아 가 는 길 - 이 렇 게 짧 은
Dmaj9 A/C♯ F♯m G♯dim F♯/A♯ Bm B/D♯
dim.

74
mp
걸
-
그 품 안 에 - 살 리 -
E7sus4
E
A
mp
p
mp
8vb
77
그 품 안 에 - 살 리 -
Dm6/A
A
79
rit.
p
그 품 안 에 -
살
리
-
Dm6/A
E7
A
p
rit.
pp
a tempo
mf
rit.

영원한 찬미

for SATB and Solo with Piano

장 진 숙 작사.곡
정 지 은 편곡

10
로 - 해 와 달 을 두 시 - 고 우 리 의 삶 을 - 비 춰 주
F G/F Em7 Am7 Dm7
13
S.A or Solo mp
높 은 산 과 - 끝 없 이 푸 른 바 다 그 안 에
시 네
G7sus4 G7 C G/B
mp
16
숨 쉬 는 모 든 생 명 다 주 님 의 - 솜 씨 를
Am Em/G F G/F

19
S.A mf
노 래 하- 며 그 위 엄 앞 에 - 경 배 하 도 다 주 님 의
T.B
C/E Am Dm7 F/G G
22
높 고 - 위 대 하 심 을 내 영 혼 이 - 찬 양 하 -
C G/B C/E F F/G G7
mf
25
네 그 크 신 사 랑 - 크 신 권 능 을 내 영 혼
Cmaj7 F/G G7 C G/B C/E

28
이 - 찬 양 하 네
F
G7
C
G/B
B♭
32
mp
주 하 나 님 - 우 리 를 위 하 여 독 생 자
Fm/A♭
Gsus4
G
C
G/B
36
를 - 보 내 주 셨 네 그 어 깨 에 - 세 상 의 모 든 죄 - 를 짊 어 지
Am
Em/G
C/E
F
G/F
Em7
Am
Edim7/A

40
S.A
mp
시 고 -죽 임 당 하 셨네
우 -
T.B
mf
주 를 믿 는 -모 든 사
Dm7
A/D
Dm7
Caug/B♭
G♯dim
Dm/G
F/G
C
mf
43
mf
우 - - 우 - 끝 날 까
람 에 게 죄 사 함 과 -영 생 주 시 고
G/B
G♯dim
Am
Em/G
46
지 -택 하 신 자 녀 들-을 지 켜 주 신 다 -약 속 하
F
G/F
C/E
Am7
Gm7(♭5)/C♯
Dm9

49
f
셨 네 주 님의 높 고 - 위 대 하 심 을 내 영 혼
G7sus4
C
C/E
G/B
C/E
CM7/E
8va
52
이 - 찬 양 하 - 네 그 크 신 사 랑 - 크 신 권
F
G7
C
F/G G F/G G
C
C/E
55
능 을 내 영 혼 이 - 찬 양 하 네 할 렐 루 -
G/B
C/E
F
F/G
Dm/G
C
Dm7 C/E
CM7/E

Sop.Solo
58
f
할렐루 할렐루 할렐루할렐 루야
야 -할렐루- 야 할렐루- 야 -할렐 루야 할렐루-
F F/G Em Am Dm7 F/G -7 Am C/E
62
rit.
할렐루 - 야 할렐루할렐루 야
야 -할렐루- 야 할렐루 야 -할렐루 야 이땅의
F G/F Fsus4 C/E Am7 Dm7 F/G Dm11/F C /B♭G/A Asus4 A

66
삶 이 - 끝 나 는 그 날 영 원 한 나 라 에 들 어 가-
Dsus4 D Em7 D/F♯ A/C♯ G A7sus4 A
f
69
서 날 구 원 하 신 - 어 린 양 예 수 영 원 토
D/A Dm/A G/A A D D/F♯ F♯m Bm7
72
록 - 찬 양 하 리
Em7 D/F♯ Gm7 G/A Asus4
8va
mp

74
Ten.only
mp
이 땅 의 삶 이 - 끝 나 는 그 날 영 원 한
G/B
Asus4/C♯
Dsus2
A/C♯
F♯m7
p
77
S.A
mf
날 구 원 하 신 - 어 린 양
T.B
나 라 에 들 어 가 - 서
GM7
A7sus4
A
F♯m7
Dm/F
Em7
A
D
80
예 수 영 원 토 록 - 찬 양 하 리 영 원 토
A/C♯
D/F♯
G
G/A
Bm

83
ff
molto accel.
록
찬 양 하 리
Em7
G/A
A
D
fp
f
molto accel.
8va
86
rit.
아
D/C
B♭
Gomit3
rit.
88
멘
-
D
ff

하루를 시작할 때

for SATB and Tenor Solo with Piano

장 진 숙 작사.곡
정 지 은 편곡

10
어디로갈 - 까 요 -
주님 어떻게할 - 까 요 -
주님 음 성을 - 따 라 -
나는
Cmaj7
Em
G♭/A B♭m/A
AM/D
13
mf
걸어가 - 지요 -
순종의 - 걸음 - 마 다 평 안이깃 - 들 고 -
내가
T.B
G7sus4
G9
A♭
Em7
A7sus4
Dm7
Am7/G
Cmaj7
mf
16
생 각 지 - 도 못 - 한
주 의 뜻 이 뤄 - 지 니 -
E7
Am7
Dm7
Dm/G
C7

18
지 쳐 있 - 던 내 - 맘 에 새 힘 이 솟 - 아 나 - 지 요 순
Fmaj7
G7sus4 G7
E7(♭9)
Am7
20
종 의 기 쁨 을 누 - 려 요 -
Dm11
G7sus4
C
G♭7♭5
22
Fmaj7
B♭7
B♭7sus4
A7sus4
Am9
D7
Dm7
Dm/G

25
T.B mp
하루 를시작-할때- 어려 움을만-날때- 말
E♭/G Fm11 E♭ D♭aug
Cmaj7
mp
Em7
E♭7
28
할수없-는고-민도 주님 -께물-어요- 주님 어디로갈-까요- 주님
Dm7
Am7/G
A♭/G
C
31
어떻게할-까요- 주님음성을-따라- 나는 걸어가-지요-
Em
G♭/A
B♭m/A
Am/D
G7sus4
A♭

34
mf
순 종의 - 걸 음 - 마 다 평 안 이 깃 - 들 고 - 내 가
Em7
A7sus4
Dm7
Am7/G
Cmaj7
mf
36
생 각 지 - 도 못 - 한 주 의 뜻 이 뤄 - 지 니 -
E7
Am7
Dm7
Dm/G
C7
38
지 쳐 있 - 던 내 - 맘 에 새 힘 이 솟 - 아 나 - 지 요 순
Fmaj7
G7sus4 G7
E7(b4)
Am7

40
종 의 기 쁨 을 누 - 려 요 -
Dm11
G7sus4
C(/B♭ /A /A♭ /G /F♯ /F)
42
Ten. Solo
f
평 안 이 깃 - 들 고
f
순 종 의 - 걸 음 - 마 다 평 안 이 깃 - 들 고 - 내 가
Em
A7sus4
Dm7
G7
Am7/G
Cmaj7
f

44
주의 뜻 이뤄 - 지 니 -
생 각 지 - 도 못 - 한 주의 뜻 이뤄 - 지 니 -
E7
Am
Dm7
Dm/G
C7
46
지 쳐 있 - 던 내 - 맘 에 새 힘 이 솟 - 아 나 - 지 요 순
Fmaj7
F/G
Dm/E
E/G#
E7
Am
Am7

48
기 뿜누 - 려 요 -
종 의 기 뿜 을누 - 려요 - 순
Dm7
G7sus4
C/E
F
Gomit3/F
50
기 뿜 - 을 - - 순
종 의 기 뿜 을누 - 려요 - 순
Dm7
Dm/G
A♭/B♭
DaugM7/A

52
종 의 기 쁨 을 누 - 려 요 -
종 의 기 쁨 을 누 - 려 요 -
Dm7
Dm7/G
C(/B♭ /A /G♯) Gsus4
F/G
54
C
B♭M7
B
CM7
Glissando

날개

for SATB with Piano

장 진 숙 작사.곡
김 유 라 편곡

11
흔 들 리 고 - 무 너 질때 -
T.B mp
주 님 나는주 님 없 - 이
Bm7
D/E
E
D/F♯
E/G♯
A
15
는 아 무 것 도 - - 할수 없 습 니 다 -
E/G♯
F♯m7
C♯m7
A/C♯
18
주 님 나는주 님 없 - 이 는 단 하 루 도 - 살 수 없습 - 니
D
A/C♯
F♯m7
Bm7

21
나의 약함을 - - 고백할수록
다 -
Esus4
E
D/F♯
E/G♯
A
mf
24
- 주님의강하 -심이 나를덮네 - 웅크리고
E
Esus4
E
D/F♯
Dm6/F
A/E
A/C♯
27
mf
- - 불안한내영 -혼에 믿음의날개를 - 달아주시네
D
A/C♯
E/F♯
F♯m7
Bm7
p
mf

30
- 주님과함께 - - 날아오를때 - 높은산은
E D/E DM7/E A E Esus4 E
33
- 점점더낮 - 아지고 - 삶의골짜기 - 마 다 - 흘러넘치는
F♯m7 A/C♯ D Bm7
36
- 주님의은 - 혜 -
E9 D/E A E/G♯
mf

39
mf
매 일 성 전 뜰 만 밟 고, 서
D/F♯
Dm6/F
A
mp
42
성 이 다 늘 그 만 큼 - 만 주 님 을 - 의 지 하 다 내 것
mf
Alt.
mf
Bas. 내 것
B7sus4
Bm7
E7/G♯
Fdim7
F♯m7
A/E
AM7/E
Sop.
mp 우 - - , 우 - - - 무
45
인 줄 알 았 던 내 삶 이 이 리 저 리 흔 들 리 고 - 무
Ten.
mp 우 - - 우 - - - 무
인 줄 알 았 던 내 삶 이 이 리 저 리 흔 들 리 고 - 무
D
E/D
C♯m7
E/F♯
F♯7(♭13)
Bm7

48
mf
너 질때 - 주 님 나는주 님없 - 이
D/E
Esus4
D/F#
E/G#
A
mp
mf
51
는 아 무 것 도 - - 할 수 없 습 니 다 -
E/G#
F#m7
C#m7
Aomit3
54
주 님 나는주 님없 - 이 는 - 단 하 루 도 - - 살 수 없 습 - 니
D
(F#m7)
A/C#
F#m7
Bm7
Bm/A

57
다
나의 약 함 을 - - 고 백 할 수 록
G D/F# D/E E D/F# E/G# A
60
- 주 님 의 강 하 - 심 이 나 를 덮 네 - 웅 크 리 고
E Esus4 E D/F# Dm/F Faug A/E A/C#
63
- 불 안 한 내 영 - 혼 에 믿 음 의 날 개 를 - 달 아 주 시 네
D A/C# F#m7 G#m F#/A# Bm7 B7/D# Esus4

66
- 이 제 껏 살 게 - 하 신 주 님 의 은 혜
Esus4
Fsus4
E♭/G
F/A
B♭
B♭
sf
69
- 가 - 이 후 의 삶 도 - 지 켜 주 시 리 라 흔 들 리 지 않
F
Fsus4
Dm/F
Gm7
B♭/D
Cm
B♭
B♭/D
72
는 - 믿 음 의 날 개 로 흔 들 리 지 않 는 믿 음 의 날 개
E♭
F
B♭/D
E♭

75
로 – 날아 오 르–리 –
F7sus4
F
Bb
p
f
sf
poco a pococresc.
78
– 날아 오 르–리 –
Bb/Ab
Gm7
Eb/G
80
ff
날아오르 리
Ebm/Gb
Ebm
Bb
C/Bb
Bb
ff
fff

사랑, 그 좁은 길

for SATB and Soprano, Tenor Solo with Piano

장 진 숙 작사.곡
김 유 라 편곡

11
겸 손 그 이름없는 길 누가 그 길 을 가려 나 -
F Dm7 B♭ B♭/C F
14
mf
누가주 -의마음알 -아 자매의 -눈물닦아 -주며 누가형 -제의허물 -사랑
B♭ C F Cm7 F7 B♭ C
mf
17
S.A mf
누가주 -의마음알 -아 절망에 -갇힌영혼 -찾아
으로 -덮으려나 -
F Cm7 F7 B♭ C F Cm7 F7

20
위 로의 - 손 내 밀어 - 사랑 으로 - 안 으 려나 -
B♭ C F B♭/C C
22
사 랑 그좁 은길 - 누가 그길 을 가 려나 -
F Dm7 B♭ B♭/C C
mf
25
겸손 그이름없는길 누가 그길 을가려나 -
F Dm7 B♭ B♭/C F C7sus4 F C/D Dm

28
B♭
B♭/C
F
Dm7
B♭
B♭/C
F
31
mf
누 가 주 - 영 광 위 해 - 스 스 로 낮 아 지 - 며 -
B♭
C
F
Cm7
F7
mf
34
누 가 주 - 영 광 위 해 - 내
T.B mf
세 상 의 - 자 랑 도 - 즐 거 이 포 기 하 려 나 -
B♭
C
F
Cm7
F7
B♭
C

37
자 유 를 내 려 놓 고 - 십 자 가 - 사 랑 안 에 - 즐 거 이 매 이 려 - 나
F Cm7 F7 B♭ C F B♭ B♭/C
cresc.
40
f
사 랑 그 좁 은 길 - 누 가 그 길 을 가 려 나 - 겸 손 그 이 름 없 는 길
F Dm7 B♭ B♭/C C F Dm7
f
43
누 가 그 길 을 가 려 나 - 사 랑 그 좁 은 길 -
B♭ B♭/C F C/D G Em7

46
Sop. solo f
가려나 - - - - -
f
누가그 길을가려나 -
Ten. solo f
누가그 길을가려나 -
누가그길을가려나 - 겸손 그이름없는길 누가그 길을가려나 -
C C/D D G D/E Em7 C C/D G
p f
49
- - 좁은길 - - - - -
Optional Acapella
(Clap 56마디까지)
ff
사랑 그 좁은길 - 누가 그길을가 려나 - 겸 손 그이름없는길
Ab Eb/F Fm7 Db Db/Eb Eb Ab Eb/F Fm7
sf
rehearsal only

52
좁은 길 - - -
사 - 랑 - 가려나
누가그길을가려나 - 사랑 그좁은길 - 누가그길을 가려나 -
Db Db/Eb Ab Db/Eb Ab Eb/F Fm7 Db Db/Eb Eb
with piano
55
겸 - 손 -
- -
Clap end subito p
겸손 그이름없는길 누가그길을가려나 - 누가그길을가려나 -
Ab Fm7 Db Db/Eb Ab Db Db/Eb Ab
subito p

58
mf
f
누가 그길을 - 가려나 -
누가 그길을 - 가려나 -
mf
f
누가 그길을 - 가려나 -
Db
Db/Eb
Ab
Eb/F Fm7
mf
f
61
Hum
Slower
Db
Db/Eb
Bbm/Ab Ab
Db
Db/Eb
Bbm/Ab
Ab
pp
ppp

'광야를 지나며' 곡 설명

1. 광야를 지나며

광야 같은 시간을 지나며 그 속에서 만난 하나님은, 외롭고 힘겨운 순간마다 곁을 지켜주신 유일한 친구이셨습니다. 이 곡은 분명 고단했지만 주님으로 인해 절망만은 아니었던 광야의 시간을 서사적으로 풀어낸 작품으로, 고백하듯 시작해 점차 깊어지는 신앙의 여정을 담고 있습니다.

2. 참 빛

성탄의 참된 의미를 가장 온전히 전하고자 말씀을 묵상하며 쓰여진 곡입니다. 어둠 속에 오신 참 빛 되신 예수님을 선포하며, 그 빛 가운데로 우리 모두를 초대하는 메시지를 담고 있습니다. 잔잔하지만 분명한 고백으로 성탄의 본질을 깊이 묵상하게 합니다.

3. 믿음이 실제가 되는 순간

베드로의 이야기를 바탕으로, 믿음이 말이 아닌 삶의 걸음이 되는 순간을 생생한 스토리로 풀어낸 곡입니다. 뮤지컬 넘버를 연상케 하는 극적인 전개와 에너지가 특징이며, 믿음으로 걸어갈 때 경험하게 되는 가슴 벅찬 감동과 결단을 파워풀하게 표현합니다.

4. 나의 찬송

한 친구가 하나님을 믿게 되고, 자신의 삶을 간증하는 모습을 바라보며 감동이 되어 쓰게된 곡입니다. 그 삶의 여정 속에 담긴 믿음의 고백과 감사를 찬양으로 풀어내고자 했습니다.
특히 찬송가의 가사를 넣어서, 이 노래가 한 사람의 이야기를 넘어 우리 모두의 간증이 되기를 바라는 마음을 담아 작곡하였습니다.

5. 삶으로

하나님을 믿는 삶 가운데, 과연 무엇이 진정 가치 있는 것인지 스스로에게 질문하며 쓰여진 곡입니다. 세상을 따라 가던 발걸음을 멈추고, 내 삶을 주님께 온전히 내어드리고자 하는 결단과 고백을 표현했습니다. 말이 아닌 삶으로 드려지는 믿음을 묵상하게 하는 곡입니다.

6. 감사를 선택하기

"범사에 감사하라"는 말씀을 통해, 감사는 상황이 아니라 내가 선택하고 결정하는 믿음의 태도임을 깨닫게 되었습니다. 그 이후 더욱 적극적으로 감사의 삶을 살아가고자 하는 마음을 담아 작곡한 곡으로, 경쾌하고 밝은 분위기 속에서 기쁨의 결단을 힘 있게 선포합니다.

7. 믿음의 기도

눈앞에 보이는 환경 앞에서 절망하게 될 때, 감정에 사로잡혀 기도조차 나오지 않는 순간들이 있습니다. 이 곡은 그런 때에 보이는 상황을 넘어 믿음을 사용해 드리는 기도를 주님께서 기쁘게 받으시고, 우리의 생각을 뛰어넘어 역사하신다는 고백을 담고 있습니다.

8. 돌아가는 길

하나님과 멀어졌다고 느끼는 이들에게, 주님께로 돌아가는 길이 결코 멀거나 어려운 길이 아님을 전하고자 쓰여진 곡입니다. 다시금 하나님의 품으로 돌아오도록 따뜻하게 초청하며, 잘 알려진 찬송가 '양떼를 떠나서'의 선율과 가사를 삽입해 회복과 귀환의 메시지에 더 깊은 공감을 더했습니다.

9. 영원한 찬미

찬송가 '주 하나님 지으신 모든 세계'에서 영감을 받아, 하나님의 위대하심과 전능하심을 긴 호흡으로 그려낸 곡입니다. 점차 고조되는 음악적 전개 속에서, 구원의 하나님을 영원토록 찬양하는 고백으로 확장됩니다.

10. 하루를 시작할 때

하나님과 동행하며 순종하는 기쁨을 밝고 경쾌한 분위기로 표현한 곡입니다. 당김음이 주는 리듬감과 재즈 화성을 활용한 반주가 곡에 생동감과 다채로움을 더합니다.

11. 날개

삶의 폭풍 같은 현실 앞에서 미지근했던 믿음을 돌아보며, 주님 없이는 아무것도 할 수 없는 존재임을 인정할 때 하나님께서 우리의 약함 속에 강함이 되심을 고백하는 곡입니다.

그 믿음을 '날개'에 비유하여, 믿음의 날개로 모든 산을 넘어 승리로 나아가는 삶을 드라마틱하고 파워풀하게 그려냅니다.

12. 사랑 그 좁은 길

예수님께서 걸어가신 사랑과 겸손의 길을 따르고자 하는 마음을 스스로에게 던지는 질문형 가사로 담아낸 곡입니다. 블랙 가스펠의 정서를 바탕으로 점진적인 화성과 리듬의 확장을 통해, 개인의 고백에서 출발해 점차 파워풀한 회중의 고백으로 나아가도록 구성되었습니다.

장진숙 프로필

작곡가 장 진 숙

경성대학교 성악과 학사
한세대학교 합창지휘 석사
MA Songwriting, ICMP, London

현) 히즈윌(Hiswill) 작곡가겸 프로듀서
(대표곡-광야를 지나며, 믿음이 없이는, 하루를 시작할 때, 감사를 선택하기 등)
런던 순복음교회 예루살렘 성가대 지휘
LKYC(London Korean Youth Choir) 지휘

학력 및 음악적 배경

경성대학교에서 성악을 전공하며 음악의 기초를 다졌고,
이후 한세대학교에서 합창지휘 석사 과정을 통해 합창 음악에 대한 전문적인 훈련을 받았습니다.
또한 영국 런던의 ICMP에서 Songwriting 석사를 졸업하며
클래식 음악을 바탕으로 현대 음악과 창작 영역까지 음악적 스펙트럼을 확장해 왔습니다.

지휘 활동 및 음악 사역

부산제일감리교회 성가대 지휘를 시작으로,
사랑의교회의 캔송키즈 합창단, 선한목자교회의 선한어린이합창단을 각각 10년 이상 지휘하며
어린이와 청소년 합창 교육, 그리고 교회 음악 사역에 오랜 기간 헌신해 왔습니다.

아울러 CCM 팀 히즈윌을 결성하여,
100곡 이상의 모든 수록곡에 대해 작사·작곡 및 프로듀싱을 직접 담당하며
예배와 찬양을 위한 창작 사역을 꾸준히 이어오고 있습니다.

현재는 영국 런던에서 음악 활동을 이어가며,
런던 순복음교회에서 지휘자로 섬기고 있습니다. London Korean Choir (LKC)를 설립하여
London Korean Youth Choir (LKYC)와
London Korean Women's Choir (LKWC)를 지휘하고 있으며,
세대와 공동체를 아우르는 합창 문화를 만들어가고 있습니다.

광야를 지나며

2026년 1월 24일 초판 발행

편집인 / 윤의중
편집위원 / 윤혜경 이수진 최유정
집행 / 신소현 장하영
발행처 / 코러스센터
등록번호 / 제 11-231호

서울 강서구 공항대로 38길 71 코러스센터 205호
Tel:02-3665-0061 Fax:02-3665-0062
https://www.choruscenter.co.kr
E-mail: choruscenter@nate.com
ISBN 979-11-5572-063-9

정가 11,000원